Inhalt

Nichts wie weg!

„Achtung!
Weg da!",
ruft Kalle
und kullert auch schon
die Düne hinunter.
„Unverschämtheit!"
Die dicken Möwen
flattern empört
in die Luft.
„Immer dieser Seehund!",
kreischen sie aufgebracht.
Am liebsten hätten sie
die kleine Insel
nur für sich.

Doch ausgerechnet hier muss
ein Seehund wohnen!
Zum Glück nur ein kleiner.
Und dieser kleine Seehund
kugelt einfach immer weiter.
Bis er schließlich
mit einem riesigen Platscher
ins Meer plumpst.

Unter Wasser schlägt Kalle
drei Purzelbäume.
Dann taucht er wieder auf.
„Fangt mich doch!",
ruft er den Möwen zu.
Doch die Möwen wollen nicht.
Sie haben überhaupt nie Lust,
mit ihm zu spielen.

„Als du noch nicht hier warst,
war die Insel viel schöner!",
schimpfen sie.
Daran kann sich Kalle
nicht erinnern.
Seit er denken kann,
wohnt er schon hier.
Und seit er denken kann,
spielt er alleine.
Die doofen Möwen
haben immer nur
mit ihm gemeckert.

„Ohne euch
ist es auch viel schöner!",
ruft Kalle ärgerlich
und taucht einfach ab.
Dann schwimmt er los.
Ganz weit weg!

Die Entdeckung

Kalle ist schon
eine ganze Weile geschwommen,
als er plötzlich
etwas Merkwürdiges entdeckt.
„Was ist das denn?",
staunt Kalle.
Da steht doch ein Baum!
Ein Baum auf dem Meeresgrund?
Neugierig
schwimmt Kalle näher.
Und da sieht er,
dass der Baum
gar kein Baum ist,
sondern ein Mast.

14

Der Mast eines alten Wracks.
„Ein Schiff!",
jubelt Kalle
und schwimmt sofort an Deck.

Er wollte schon immer mal
Kapitän sein.
Piraten-Kapitän
natürlich.
„Hisst die Segel",
brüllt er drauflos.
„Wir laufen aus!"

Von der Kommandobrücke
hat Käpten Kalle
alles unter Kontrolle.
„Lichtet endlich den Anker,
ihr Döspaddel!",
johlt er lauthals.
„Sonst können wir ja
nie losfahren!"

In der Tinte

Wie wild dreht Kalle
am großen Steuerrad.
Da sieht er plötzlich,
wie etwas auf sein Schiff zurast.
„Unbekanntes Objekt
Steuerbord voraus!",
brüllt er aufgeregt.
In dem Moment
entdeckt Kalle
das alte Fernrohr.
Es liegt
gleich neben dem Steuerrad
auf den Holzplanken.
Kalle schaut hindurch.

„Tintenfisch, ahoi!",
ruft er.
Doch leider hält er
das Fernglas verkehrt herum.
So sieht der Tintenfisch
ganz klein und harmlos aus.
Aber das ist er gar nicht.

19

„Runter da!",
brüllt er Kalle an.
So laut,
dass Kalle vor Schreck
das Fernrohr fallen lässt.
Oje,
ist der Tintenfisch groß!
Und wütend ist er auch.

20

„Das ist *mein* Boot!",
faucht der Tintenfisch.
Doch Kalle nimmt
seinen ganzen Mut zusammen.
„Von wegen!",
ruft er.
„Ich habe es
zuerst entdeckt!"

„Dass ich nicht lache!"
Der Tintenfisch fuchtelt wild
mit seinen acht Armen.
„Das Boot gehört mir,
so wahr ich Otto heiße,
und jetzt mach,
dass du wegkommst!"
„Ich denke ja
gar nicht daran!"

22

Kalle klammert sich
an das Steuerrad.
Das Dumme ist,
dass ihm ausgerechnet
jetzt die Luft ausgeht.
Seehunde müssen zum Atmen
immer wieder auftauchen.
Und für Kalle ist es
höchste Zeit.

Schweren Herzens
lässt er das Steuerrad los.
So schnell er kann,
schwimmt er nach oben
an die Wasseroberfläche.
Kalle holt tief Luft.
Das reicht jetzt wieder
für eine Weile.

24

Schon taucht er
zurück zum Wrack.
Das Steuerrad ist natürlich
längst besetzt.
Mit all seinen Armen
kurbelt Otto am Rad.

„Du hast hier
nichts zu suchen
und damit basta!“,
brüllt er Kalle an.
Und als ob das
nicht genug wäre,
schießt er Kalle
eine Ladung Tinte
ins Gesicht.
Für einen Moment
kann Kalle
nichts mehr sehen.
Ihm ist buchstäblich
schwarz vor Augen.
Erschrocken schwimmt er los
und prallt mit dem Kopf
gegen den Mast.

„Aua",
jammert Kalle.
„Das geschieht dir recht",
lacht Otto schadenfroh.
„Lass dich hier
nie mehr blicken,
hörst du!"

Kalle hat es gehört.
Pechschwarz
und mit einer großen Beule
macht er sich
auf den Heimweg.
Die Möwen
entdecken ihn gleich,
als er an den Strand robbt.

„Guckt euch den an!",
kreischen sie.
„Wie sieht der denn aus?
Das ist ja
zum Schreien komisch!",
prusten sie los.
Und sie halten sich
ihre dicken Bäuche
vor Lachen.

Der Zweikampf

Geknickt verkriecht
sich Kalle
ans andere Ende der Insel.
Das hat ihm
gerade noch gefehlt:
Erst dieser gemeine Tintenfisch
und jetzt die Möwen!

In der Nacht liegt Kalle
noch lange wach.
„Kann mich denn
keiner leiden?
Alle hacken auf mir herum!",
denkt er.
„Aber das lasse ich mir
nicht länger gefallen!
Morgen schwimme ich
gleich wieder zum Schiff",
beschließt Kalle.
„Und dann
kann dieser Tintenfisch
was erleben!"
Wieso braucht Otto
das ganze große Schiff
überhaupt für sich allein?

31

Plötzlich fällt Kalle
etwas ein:
Es ist doch Platz für beide da.
Und zu zweit wäre
eine Seefahrt
sowieso viel lustiger!

Früh am nächsten Morgen
schwimmt Kalle
zum Wrack.
Der Tintenfisch
ist schon an Deck.
Er will gleich losmotzen,
als er Kalle sieht.
Aber Kalle kommt ihm zuvor.
„Könnte das nicht
unser Schiff sein?",
fragt er Otto.
„Unser Schiff?",
brüllt der Tintenfisch.
„Niemals!"
„Und wenn ich
einfach hier bleibe?",
fragt Kalle trotzig.

Otto kneift
seine großen Augen
gefährlich zusammen.
„Wenn du unbedingt willst,
können wir ja
um das Schiff kämpfen."
Otto baut sich
vor der
offenen Kajütentür auf.

„Los, komm schon her!",
ruft er Kalle zu.
Kalle schluckt.
So hat er sich
das nicht vorgestellt.
Otto grinst verächtlich:
„Du traust dich wohl nicht?"
Das lässt sich Kalle
nicht zweimal sagen.

Schon flitzt er auf Otto zu.
Doch der schlüpft
im letzten Moment
zur Seite weg.
Und Kalle rast in die Kajüte.
Otto schlägt
die Tür hinter ihm zu.
Kalle ist gefangen!
„Lass mich sofort raus!",
ruft er.
„Ich denke
ja gar nicht daran",
grinst Otto.
Kalle wirft sich
mit aller Kraft
gegen die Tür.
Aber das hilft ihm nichts.

Hier kommt er alleine
nicht mehr raus.
Und das Schlimmste ist,
er muss dringend atmen.
„Hör endlich auf.
Mir geht langsam
die Luft aus!",
ruft Kalle.
„Mir doch egal",
meint Otto.

Mit seinen großen Augen
schaut er
durch das Bullauge
in die Kajüte.

„Was hast du überhaupt
im Meer zu suchen,
wenn du kein Fisch bist?",
höhnt er.

38

„Wenn du zum Atmen
auftauchen musst,
bleib besser
gleich an Land!"
Kalle ist schon
ganz schwindelig.
„Los,
lass mich endlich raus!",
keucht er.
„Wie heißt das Zauberwort?",
fragt Otto.
„Bitte",
japst Kalle.
Otto öffnet die Tür.
Wie eine Rakete
schießt Kalle aus der Kajüte
nach oben.

Er taucht auf
und schnappt nach Luft.
„War das eine fiese Falle!",
denkt Kalle wütend.
Dieser Otto
kann ihm
gestohlen bleiben!

Ins Netz gegangen

Noch einmal schwimmt Kalle
nicht zum Wrack zurück.
Auch nach Hause
will er noch nicht.
Da warten eh nur
die dummen Möwen auf ihn.
Kalle seufzt.
Er fühlt sich
im großen Meer
ganz winzig und klein.
Und vor allem
ganz schrecklich allein.
Ein Krabbenschwarm
schwimmt an ihm vorbei.

Und auf einmal
merkt Kalle,
wie hungrig er ist.
Ein kleiner Krabben-Imbiss
könnte nicht schaden.

Gerade als Kalle
losschwimmen will,
um sich
ein paar Krabben zu fangen,
ist plölzlich Otto vor ihm.
Wo kommt der denn
schon wieder her?

Der hat Kalle
gerade noch gefehlt!
Otto rast auf die Krabben zu.
„Das ist mein Mittagessen!",
ruft er
und hüllt Kalle
in eine dicke,
schwarze Tintenwolke ein.

Nicht schon wieder!
Um Kalle herum
ist es stockfinster.
Sehen kann er
rein gar nichts mehr.
Nur hören kann er noch:
„Hilfe!",
ruft da auf einmal jemand.
Nanu? Ist das nicht Otto?

Vorsichtig schwimmt Kalle los,
um ins klare Wasser zu kommen.
Endlich kann er
wieder etwas sehen:
Otto zappelt wie wild
im Wasser.
„Hilfe!",
ruft er.
„Ich hänge fest!"
Kalle muss
ganz genau hingucken,
bis er schließlich
das Netz entdeckt.
Unter Wasser
ist es fast unsichtbar.
„Ich bin gefangen!",
schreit Otto verzweifelt.

„Das hast du nun davon",
denkt Kalle.
Und ihm fällt ein,
dass er jetzt das Schiff
ganz für sich alleine hat.
Für immer.
Für immer?
Plötzlich durchzuckt es Kalle.
Das ist kein Spaß mehr.

Otto ist richtig in Gefahr!
Er muss ihm helfen.
„Hilfe,
sie ziehen das Netz nach oben!",
kreischt der Tintenfisch
in höchster Not.
„Los,
tu doch was!"

Kalle rast zum Netz.
Mit seinen scharfen Zähnen
zerrt und beißt er so lange,
bis er ein großes Loch
ins Netz gerissen hat.
Otto schlüpft sofort
aus dem Loch.

Und hinter ihm
schwimmen noch lauter Fische
und Garnelen.
Kalle hat sie alle befreit.
Und das in letzter Minute!
Denn schon wird das Netz
aus dem Wasser gezogen.

Otto ist ganz blass.
„Du hast mir
das Leben gerettet",
sagt er zu Kalle.
Und er schüttelt
Kalles Flossen
mit allen acht Armen:
„Danke!"

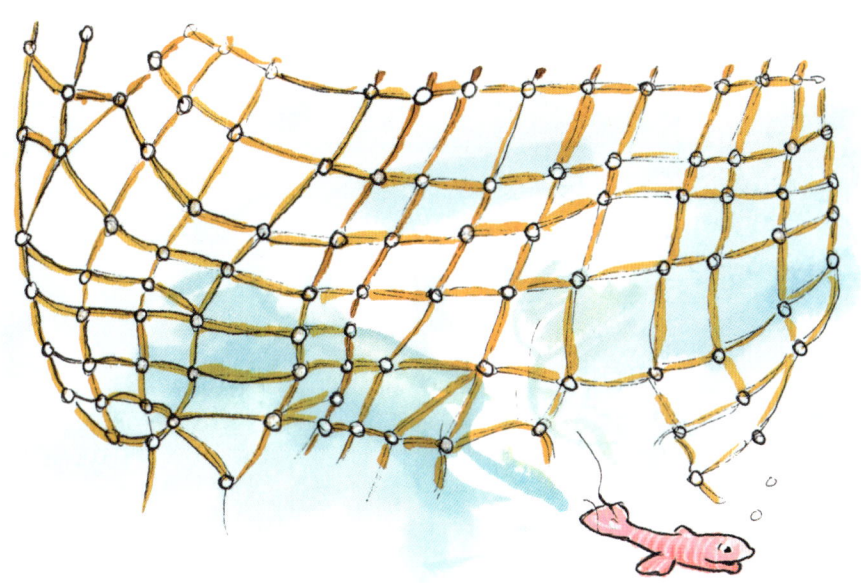

„Ach,
war doch selbstverständlich",
murmelt Kalle etwas verlegen.
„Gar nicht",
widerspricht der Tintenfisch.
„Du hättest dich dabei auch
im Netz verheddern können."
„Hab ich aber nicht",
sagt Kalle
und grinst.

Unterwasser-Piraten

Schweigend schwimmen
die beiden
nebeneinanderher.
Bis sie zurück
beim Wrack sind.

„Okay, es ist dein Schiff",
sagt Kalle großmütig.
„Nein."
Otto schüttelt
entschieden den Kopf.
„Es ist *dein* Schiff!
Schließlich hast du mir
das Leben gerettet.
Ich werde dich
auch in Ruhe lassen.
Versprochen."
Und damit schwimmt
der Tintenfisch
einfach davon.
„Halt!",
ruft Kalle
und schwimmt ihm hinterher.

„Es könnte doch jetzt
unser Schiff sein",
schlägt er vor.
Otto dreht sich um.
„Ehrlich?",
fragt er
und macht große Augen.

54

„Ganz ehrlich",
meint Kalle.
„Zu zweit
macht Pirat spielen
doch viel mehr Spaß!"
Und damit hat Kalle
wirklich Recht.

Zusammen lichten sie
den Anker.
Und schon
segeln die beiden los.
Auf große Fahrt
als Unterwasser-Piraten!
Kalle dreht wild am Steuerrad.
Und Otto kurbelt mit.
Denn schließlich
sind sie gerade
in einen gefährlichen Sturm
geraten.
Doch zum Glück
sind sie zu zweit.
„Ich bin echt froh,
dass ich dich gerettet habe",
meint Kalle.

Otto haut
seinem neuen Freund
krachend auf die Schulter
und lacht:
„Na,
und ich erst!"

Als Kalle am Abend
zur Insel kommt,
ist er wieder
voller Tintenflecke.
„Da,
schaut euch Kalle an!",
spotten die Möwen.
„Der ist kein Seehund mehr,
sondern ein Meerschwein!"
Die Möwen
biegen sich
vor Lachen.
„Lacht ihr nur",
denkt Kalle.
Heute macht ihm
das gar nichts aus.
Im Gegenteil.

58

Er ist sogar stolz
auf seine Tintenflecken.
Denn schließlich
stammen die
von seinem neuen Freund!

Julia Boehme wurde 1966 in Bremen geboren. Sie studierte Literatur- und Musikwissenschaft und arbeitete danach als Redakteurin beim Kinderfernsehen. Eines Tages fiel ihr ein, dass sie als Kind unbedingt Schriftstellerin werden wollte. Wie konnte sie das bloß vergessen? Auf der Stelle beschloss sie, jetzt nur noch zu schreiben. Seitdem denkt sie sich Kinderbücher und Geschichten fürs Fernsehen aus.

Anne Wöstheinrich, geboren 1969, studierte Grafik-Design in Münster. Schon als Kind hat sie sich die Zeit mit Bildern vertrieben. Heute illustriert sie Kinder-, Jugend- und Schulbücher. Ihre beiden Töchter liefern ihr dafür viele Einfälle und Ideen.

LESEFANT

Leseerfolg mit Spaß

... und die schönsten Geschichten
gibt's als Sammelband